CATALOGUE

D'ESTAMPES

DE L'ÉCOLE FRANÇAISE DU XVIIIe SIÈCLE

PORTRAITS

ET

DESSINS EN LOTS

Dont la vente aux enchères publiques aura lieu

HOTEL DES COMMISSAIRES-PRISEURS, RUE DROUOT, N° 9

SALLE N° 6

Les Mercredi 21 et Jeudi 22 Février 1883

A UNE HEURE ET DEMIE PRÉCISE

Par le ministère de Me **MAURICE DELESTRE**, Commissaire-Priseur,
27, rue Drouot, 27 ;

Assisté de **M. CLEMENT**, Marchand d'Estampes de la Bibliothèque Nationale,
rue des Saints-Pères, 3.

PARIS. — 1883

CONDITIONS DE LA VENTE

Elle sera faite au comptant.

Les adjudicataires payeront *cinq pour cent* en sus des enchères.

L'Expert chargé de la vente se réserve la faculté de rassembler ou de diviser les lots.

ORDRE DE LA VACATION

L'ordre du Catalogue sera suivi.

Mercredi 21 Février. — Numéros........   1 à 244

Jeudi   22 —   — Numéros........ 245 à la fin.

DÉSIGNATION

ESTAMPES

ALIX (P.-M.)

1 — Charles *Linné*, d'après Roslin. In-fol. en couleur. Superbe épreuve, marge.

2 — Montée du grand Saint-Bernard par l'armée française de réserve, côté du Vallais, sous les ordres du premier consul Bonaparte. Berthier, général en chef, d'après Gautier. Très belle épreuve, marge.

ARDELL (J.-M.)

3 — *Charlotte*, reine de la Grande-Bretagne. In-fol. en manière noire. Très belle épreuve.

4 — David *Garrick*, célèbre acteur, d'après A. Pond. In-fol. en manière noire. Très belle épreuve.

AUBRY (d'après)

5 — Le Mariage rompu, par R. de Launay. Belle épreuve, marge. 8

BARTOLOZZI (F.)

6 — Marie-Antoinette, reine de France, d'après Barber. In-8. Très belle épreuve.

7 — Marie-Thérèse-Charlotte de France, duchesse d'Angoulême, d'après Kalterer. In-8. Très belle épreuve.

BASSET (A Paris, chez)

8 — Almanach pour la présente année 1788. Au milieu est représentée une scène de *Tarare*, opéra en cinq actes avec un prologue, paroles de Beaumarchais, musique de Salvieri. Grande pièce in-fol. en hauteur. Très rare.

BAUDOUIN (d'après P.-A.)

9 — Les Amants surpris, par P.-P. Choffard. 1767. Belle épreuve, marge.

10 — Les Amours champêtres, par P.-P. Choffard. Belle épreuve, marge.

11 — Le Danger du tête-à-tête, par Simonet. Très belle épreuve.

12 — Marchez tout doux, parlez tout bas, par P.-P. Choffard. Très belle épreuve.

13 — Le Modèle honnête, gravé à l'eau-forte, par J.-M. Moreau le jeune, et terminé par J.-B. Simonet (E. B., 34). Superbe et très rare épreuve à l'état d'eau-forte pure avant toutes lettres, seulement le nom de J.-M. Moreau le jeune s. 1770, tracé à la pointe sous le trait carré à droite.

14 — Qu'est-là? — Ji vais. Deux pièces faisant pendants, gravées en couleur par Le Marin. Très belles épreuves.

15 — Rose et Colas, par Simonet. Très belle et rare épreuve avant la lettre.

16 — La même estampe. Belle épreuve.

17 — Les Soins tardifs, par N. de Launay. Belle épreuve, collée sur carton.

18 — Le Soir, par de Ghendt. Bonne épreuve.

19 — La Soirée des Tuileries, par Simonet. Très belle épreuve.

BAUDOUIN ET EISEN (d'après)

20 — Les Plaisirs réunis, — Le Réveil dangereux. Deux pièces faisant pendants, gravées à la sanguine par Briceau. Rares.

BELLICARD

21 — Plans, coupe et élévation de la nouvelle église Sainte-Geneviève à Paris. Suite de six planches, d'après Soufflot. Très belles épreuves avec marges. Rares.

BICCI (d'après Antonin)

22 — Costumes et scènes de mœurs italiennes. Six pièces en couleur, gravées par Lasinio, Cecchi. Très belles épreuves, marges.

BOILLY (d'après L.)

23 — La Surprise agréable. — La crainte mal fondée. Deux pièces faisant pendants, gravées en couleur par Mixelle. Très belles épreuves, marges.

BONNET (L.)

24 — La Toilette, d'après Jollain. En couleur. Belle épreuve.

25 — Portrait de femme en buste, gravé aux trois crayons, d'après Lagrenée. Très belle épreuve.

BOREL (d'après)

26 — La faute est faite, permettez qu'il la répare, par Anselin. Superbe épreuve.

27 — L'Innocence en danger, par Huot. Superbe épreuve, toutes marges.

BOREL

28 — L'Alaitement maternel encouragé, par E. Voysard. Très belle épreuve avant la lettre, marge.

BOSIO (d'après)

29 — Ah! beaucoup vous critiquent, mais peu vous imitent, par J. Marchand. Très belle épreuve.

30 — Coucher des ouvrières en linge, — Lever des ouvrières en linge. Deux pièces en couleur. Belles épreuves.

31 — Le Foyer de Montansier. En couleur. Très belle épreuve, marge.

BOSIO (d'après)

32 — Les Invisibles. Très belle et rare épreuve avant la lettre, en couleur. 20

33 — Les Oubliés, gravé en couleur, par Schenker. Très belle épreuve, grande marge. 10

34 — Les Plaisirs de l'hiver, — L'Agrément de l'été, — Les Effets du printemps, — Les Douceurs de l'automne, suite complète de quatre pièces, trois sont doubles avec différences dans la composition. Sept pièces en couleur. Rares. 30

35 — Le Sérail ou le Turc à Paris. Pièce rare publiée à l'occasion de l'arrivée à Paris de l'Ambassadeur turc, en 1800. Pièce en couleur.

BOUCHARDON (d'après)

36 — L'Amour envollé, par Caylus et Fessard. Belle épreuve, marge. 6

BOUCHER (d'après F.)

37 — Les Cris de Paris, gravés par Ravenet et Lebas. Suite de douze pièces dont nous n'avons que neuf. Très belles épreuves, marges.

38 — Jupiter et Calisto, — La Petite école, — Les Severeuses. Trois pièces gravées par Janinet, Bonnet et Gaillard. Belles épreuves. 20

39 — Les Nymphes au bain, par J. Ouvrier. Très belle épreuve. 10

40 — Les Éléments. Quatre pièces de deux suites différentes, gravées par Duflos et Daullé. Belles épreuves.

41 — Groupes d'Amours. Vingt-sept pièces gravées par L. Larue et Huquier. Belles épreuves.

42 — En-tête de page pour un livre in-fol., gravé par Lau. Cars. Belle épreuve.

43 — Vénus aux colombes, gravé aux trois crayons, par Bonnet. Très belle épreuve. 10

BOUNIEU (d'après)

44 — Les Revers de la fortune. — L'Espoir d'un heureux jour. Deux pièces faisant pendants, gravées en couleur, par L. Marin. Très belles épreuves, marges. *20*

BOURGEOIS DE LA RICHARDIÈRE

45 — *Sophie Arnould*, d'après de la Tour. Belle épreuve.

BOWLES (J.)

46 — Histoire d'une jeune fille de la campagne arrivant à Londres. Suite de six pièces. Très belles épreuves, marges. *20*

47 — Prudence, — Industry. Deux pièces très curieuses pour les costumes et mœurs de l'époque, 1785. Très belles épreuves, marges. */5*

BRANDOIN (d'après Ch.)

48 — The Exhibition of the Royal Academy of painting in the year 1771, par Earlom. Très belle épreuve.

49 — L'Intérieur du Panthéon de Londres, par R. Earlom. Très belle épreuve.

BRION

50 — Assassinat de J.-P. Marat, le 13 juillet 1793, — Assassinat de Michel Le Pelletier. Deux pièces en couleur. Belles épreuves.

BUNBURY (N.)

51 — View on the Pont Neuf at Paris. Grande pièce in-fol. en largeur, publiée à Londres en 1771. Rare.

CADART (Eaux-fortes publiées chez)

52 — Sous ce numéro, il sera vendu un fort lot d'eaux-fortes, paysages et sujets de genres, par J. Hereau, Saffrey, Hamel, Aman, Yon, Toussaint, de Gourcy, Buhot, Veyrassat, Jongkind, Brendel, Guillon, Trimolet, etc., etc. Epreuves avant la lettre sur papier de Chine.

CALLOT (Jacques)

53 — Le Sauveur, la sainte Vierge, les Douze Apôtres et saint Paul (M. 104-119). Très belles épreuves du premier état avant les numéros, marges.

54 — Vue de Paris (M. 712, copie), — Triomphes et sujet du Nouveau Testament. Quatre pièces.

CARÊME (d'après)

55 — Fête à Bacchus, pièce en couleur. Très belle épreuve montée en dessin.

56 — Erigone, par Darcis. Superbe épreuve avant toutes lettres.

CARICATURES

57 — Cavalcade de Longchamp, — Les Malheurs de la vaccine, — Les Bienfaits de la petite vérole, etc. Quatre pièces, dont une avant la lettre.

58 — *Caricatures parisiennes.* Le Goût du jour, — La Pudeur trahie, — Le Traquenard, — Les Observateurs de la comète près le Château-d'Eau, — Gargantua à son grand couvert. — Mme Gargantua à son grand couvert, etc. Douze pièces.

59 — *Caricatures parisiennes.* Le Bain des graces et des maigres, — Le Bain à la Papa, — Duo de seringues à bâton mécanique entre deux époux du Marais, — Le Perruquier aux aboyes, — Le Médecin aux urines, — Le désagrément d'être vieux garçon, etc. Douze pièces.

60 — *Caricatures parisiennes.* Les Modernes, — Le Grand Charlatan, — Encore soixante-trois visites à rendre aujourd'hui, — Les Cosaques en bonne fortune, — Chacun ses étrennes ou le Jour de l'an, — Les Inséparables, etc. Neuf pièces.

61 — Le Délassement des politiques, — La Réunion politique ou la Lecture du journal. Deux pièces en couleur. Rares.

CARICATURES

62 — Les Syrènes, — Entrez, Mylord, il y a place pour tout le monde, — L'un soutient l'autre, — Le Coup de main, — Divertissement des Anglais en Belgique, etc. Douze pièces.

63 — Le Sérail en boutique, — Galerie du Palais-Royal, — Les Décroteurs du Palais-Égalité, — Le Marchand turc au Palais-Royal ou le Désir des femmes, — Jardin du Palais-Royal, — Les Décroteurs artistes, — Palais du Tribunat, etc. Sept pièces.

64 — La Statue, — Le Roi de Maroc, jeu de société, — Le Portier, — Le chevalier de la Triste figure, — Le Délassement des politiques, — La longue Paume des Champs-Élysées, — Le Jeu du casse-cou dans le jardin de Tivoli, — Le Jeu des sages, — Les Papas jouant au petit palet, — Jeu des Quatre-Coins, etc., etc. Dix-neuf pièces.

65 — La Dame au bois de Vincennes, — Délassement des habitués du Luxembourg au caffé du Sénat, — Bal masqué, etc. Neuf pièces.

66 — Sujets tirés du Bon genre. Treize pièces.

67 — Sujets tirés du Musée grotesque. Trente pièces.

68 — Sujets tirés du Bon genre et costume par Gatine. Neuf pièces en couleur.

69 — *Le Suprême bon ton.* La Course des montagnes russes à Paris, — Le Débiteur à la mode, — La Famille anglaise à Paris, — L'Amour et les Grâces arrivant de Londres, — La Parisienne à Londres, — Les Modes anglaises à Paris, etc. Douze pièces.

70 — *Modes du jour.* La Tireuse de cartes, — La Promenade à la plaine des Sablons. — Le Thé à l'anglaise, — Entrée au Bal paré et masqué, — Les Patineurs du bon genre, — Le Bain à la Papa, etc. Huit pièces.

71 — Cours de politesse et de belles manières. — Les Anglais chez le restaurant à Paris, — Les Dames anglaises après dîné, — Les Patineurs anglais, — L'Après-dinée des Anglais, — Les Étrennes anglaises, — Le Gascon à Londres ou la civilité anglaise, — Les Tantales modernes, etc. Vingt-quatre pièces.

CARICATURES

30 72 — Le Confesseur de village, — Le Bain à la Papa, — L'Amour français et l'Amour Anglais, — Fi donc ! — Trois mois d'absence, — Les Apprêts du Bal, — Le Moine au privé, — Le Sermon de Village, — Le Lever des Papas, — Les Approches de la fin du monde, ou les effets de différentes terreurs, etc., etc. Trente-cinq pièces.

25 73 — La Première nuit des noces, — Les Amateurs, — M. et Mme Denis à la promenade, — Les Douceurs de l'automne, Encore des originaux, — Les Amateurs, — l'Ami de la maison, ou le Mari surprenant, — La Cocote à la mode, — Le Pied de nez. — La Leçon du soir, — Ruse d'amour, ou le Diable supposé, — La Belle Gigue et ses amans, etc. Vingt pièces.

20 74 — Voyage et conduite d'un moribond pour l'autre monde, — Digestion anglaise troublée par la nouvelle de la prise de Dantzick, — La Vénus antique à sa toilette, — Rupture entre Lord-donnant et Miss-prend, — Désagrément de rendre ses visites à pied, — M. Toupet ou le courtier d'amour, — Le Médecin et le malade, — La Vaccine, — La Dame soufflée, — Les Malheurs de la vaccine, etc., etc. Vingt-deux pièces en couleur. Rare.

19 75 — Le Suprême bon ton actuel, — L'Amateur de tableaux en extase, — Le Bouquiniste en jouissance, — Ladi Constipé, — Goddem ou l'après diné d'un milord, — Il l'a Gobe, — Chacun son tour, — Qui se ressemble s'assemble, — Le Réveille-matin de Milord et de Milady, etc. Dix-neuf pièces en couleur.

19 76 — L'Anglais né libre, — Le Français constitutionel quand même, — A faut espérer q'ue jeu la finira ben tôt, — La Beauté n'a pas besoin de parure, — Le Jour de barbe, — Capitulation des calicots, — Distribution de vin, etc. Seize pièces en couleur.

18 77 — Le Canon braqué sur la forteresse, — La Galanterie française, ou l'aimable anglaise, — Mon Mari il est à zéro,

— Une matinée au bois de Romainville, — Milord Pouf
montant à cheval, — L'Anglais en bonne fortune, ou l'in-
convénient des habits trop longs, — Les Époux anglais à
Paris, — Les Nouvellistes, — Les Anglais de 1814, etc.
Vingt pièces en couleur.

78 — The Rogues March from Madrid to Paris, — The funeral
procession of Buonaparte. Deux grandes pièces en couleur,
en forme de frises. Rares.

79 — Mlle Chameroy refusée par saint Roch, — Mlle Chameroy reçue par saint Thomas, — Le Français et l'Anglais
rendent hommage à la liberté, chacun à sa manière —
L'Amour des nouvelles ou la Politicomanie, — Le Cabinet
littéraire en plein vent, — Le Cabinet de lecture, — La
Boîte à Pandore, — Le Marchand d'oublis, — Et moi
aussi j'ai servi la Patrie, etc. Quatorze pièces.

80 — Les Deux font la paire, — Le Roi d'Angleterre et les
principaux chefs d'émigrés, montés sur une panthère.
Deux pièces en couleur. Très rares.

81 — Le Jeune gobe mouches, — Vive le Roi!..., ou les spé-
culateurs et les politiques en défaut, — M. de la Jobar-
dière de retour dans son manoir, — L'Aspirant civil, —
M. Mᵐᵉ de Roupiac et Loulou, électeur de son endroit, —
Le Nouvelliste sans argent, — Les nouvellistes, — Le Zélé
défenseur. — La Reconnaissance de deux amis, etc., etc.
Vingt-six pièces en couleur.

82 — Les Habits retournés, — L'Épouvantail inutile, — Départ
de l'Anglais du continent, — La Bien venue, — Le Début
de Mˡˡᵉ Chameroy en Paradis, — Une Matinée au faubourg
Saint-Germain, — Il ne faut pas se défaire de ses vieux
habits... on ne sait ce qui peut arriver, — Émigrant reve-
nant à Paris, — Retour de deux émigrans, — La Bonne
charge !! etc., etc. Vingt et une pièces en noir et en
couleur.

83 — Caricatures sur Cambacérès. Trente-neuf pièces en couleur. Rares.

CARICATURES

84 — Sous ce numéro, il sera vendu, par lots, cent soixante-dix-huit pièces, portraits et caricatures relatives à Napoléon Iᵉʳ, en noir et en couleur.

85 — La Double suprise, — Le Feu de motte, — Le Morceau friand, — La Sérénade inattendue, — Le Marchand de cannes, — Je Suis nommé, — Le Docteur Double-dose, — L'Ouverture du bal, — La Fin du bal, etc. Dix-sept pièces, gravures et lithographies.

86 — Le Gastronome satisfait, — Le Repasseur de ciseaux, — Commodité des pelisses, — Le Bon marcheur, — Diable soit des façons, — Le Coup de vent, — Les époux assortis, — La Déclaration du Milord Pouff!! — Distraction d'un afficheur, etc., etc. Quarante-quatre pièces, lithographies et gravures en noir et en couleur.

87 — Le Nouveau système des piqures, — L'Éclipse de 1820, ou Encore des Jobards, — Une Éclipse, — Les extrêmes se touchent, ou le Danger des Piqûres. — L'Éclipse, — Étrennes à une veuve, — Les Habitués de l'orchestre, — La Charité à la mode. — Voilà la marchande de chiffons, — Musique ambulante, etc., etc. Vingt-quatre pièces en noir et en couleur.

88 — Caricatures diverses de différentes époques. Soixante-six pièces.

CAUVET (d'après)

89 — Vases. Cinq pièces gravées par Martini et Hemery. Très belles épreuves.

CAYLUS

90 — Les Nouvellistes, pièce gravée à l'eau forte. Très belle épreuve. Rare.

CHALLE (d'après)

91 — Le Déjeuné. En couleur. Très belle épreuve.

92 — La Belle paysanne, — La Belle dormant. Deux pièces en couleur faisant pendants. Belles épreuves.

CHALLE (d'après)

93. — Le Gascon puni, — Le Poirier enchanté, — Les Oies de frère Philippe. Trois pièces gravées par Lindor de Toulouse. Superbes épreuves, grandes marges.

94 — Le Gascon puni, par Lindor de Toulouse. Très belle épreuve, marge.

95 — Le Souvenir agréable, — Le Repas interrompu. Deux pièces en couleur faisant pendants, gravées par Vidal. Très belles épreuves.

CHARDIN (d'après S.)

96 — L'Aveugle, par Surugue fils. Belle épreuve légèrement coloriée.

97 — La Bonne éducation, par Le Bas. Très belle épreuve.

98 — La Gouvernante, par Lepicié. Très belle épreuve, marge.

99 — La Maîtresse d'école, par Lépicié. Belle épreuve avec marge.

100 — Marguerite-Siméone Pouget, par Chevillet. Très belle épreuve. Rare.

101 — La Ménagère, — L'Enfant gâté. Deux pièces gravées par Charpentier. Belles épreuves. Rares.

102 — L'Œconome, par J.-Ph. Le Bas. Très belle épreuve.

103 — La Pourvoïeuse, par J. Le Moine (E. B. 45, e.). Très belle épreuve.

104 — La Ratisseuse (E. B. 46, B.). Très belle épreuve.

105 — La Serinette, par L. Cars. Très belle épreuve. Rare.

106 — Le Toton, par Lépicié. Superbe épreuve du premier état, avec l'adresse de l'auteur.

107 — Les Tours de cartes, par P.-L. Surugue (E. B. 51, B.). Pièce rare, avec quatre parties de musique ajoutées au bas au moyen d'une planche rapportée. Très belle épreuve.

CHARON (Chez)

108 — La Vie d'une jolie fille à Paris, ou la Paysanne per-
vertie, — La Vie d'un joli garçon à Paris, ou le Paysan
perverti. Deux pièces en couleur. Belles épreuves.

CHASSELAT (d'après)

109 — Napoléon à Smolensko, — Napoléon en Prusse. Deux
pièces en couleur faisant pendants, gravées par Bossel-
man. Très belles épreuves.

CHAZAL (A Paris, chez)

110 — La Clochette, gravure en couleur pour les contes de
La Fontaine. Belle épreuve, marge.

CHEESMAN (T.)

111 — Dévotion, d'après Pocock. Belle épreuve.

CHEREAU (A Paris, chez)

112 — La Loi, — La France républicaine, — La Liberté, —
Unité, — La Probité, — La Convention soutenue par le
peuple, etc. Huit pièces.

COCHIN (d'après)

113 — Monsieur le prince de Turenne, grand in-8. Belle
épreuve.

COINY

114 — Les Figures des Métamorphoses d'Ovide, dessinées par
M. Renaud. Six pièces in-8, avec titre.

COSTUMES

115 — Nouveaux costumes français, publiés chez Basset, Che-
reau et Jean. Dix-neuf pièces en couleur. Rares.

116 — Costumes à l'usage des balets, opéras et comédies.
Quinze pièces gravées par Joullain, d'après Gillot. Belles
épreuves avec marges.

COSTUMES

117 — Aminte, — Emilie, — Eléonore, — Julie, — Zémire, — Zaïre, — Victoire. Suite de sept pièces costumes de femmes, publiées chez Civil. Très belles épreuves, marges.

118 — Costumes et coiffures de la suite de Desrais et Leclerc, Duhamel et autres. Trente-quatre pièces.

119 — Costume Louis XVI, d'après Watteau de Lille, Desrais et Leclerc, etc. Vingt-deux pièces.

120 — Suite de six sujets, costumes de femmes en pied, attribués à Desrais et imprimés à deux sur une même feuille. Très belles épreuves, marges.

121 — Travestissements. Vingt-deux pièces gravées par Gatine, en couleur. Très belles épreuves.

122 — Costumes divers. Cinquante pièces en noir et en couleur.

123 — Costumes d'après Desrais et de la suite de la Mésangère. Sept pièces en couleur.

COSWAY (d'après R.)

124 — Princess Charlotte Augusta, fille du prince et de la princesse de Galles, par Bartolozzi. Très belle épreuve, marge.

125 — Her Royal Highness Caroline, princesse of Wales and the Princess Charlotte, par Bartolozzi. Très belle épreuve, marge.

COTIBER ET LA VOINE (d'après)

126 — Mon Moineau est pour Colette, — Ma Houlette est pour Colin. Deux pièces faisant pendants. Superbes épreuves, marges.

COUTELLIER (F.)

127 — Bertinazzi (Carlin), in-4 en couleur. Très belle épreuve.

DAVID ET NODET

128 — Batailles et pièces historiques relatives au règne de Napoléon Ier. Cinq pièces.

DEBUCOURT (P.-L.)

129 — Berceau de Paul et Virginie, — Les Premiers Pas de Paul et Virginie. Deux pièces faisant pendants. Belles épreuves.

129 *bis*. — La Croisée, en couleur. Belle épreuve.

130 — L'Orange. Très rare épreuve avant toutes lettres.

131 — Les Visites. Epreuve avant la lettre.

132 — Vent devant, — Vent derrière. Deux pièces en couleur faisant pendants. Très belles épreuves.

133 — La Bonne d'enfant en promenade, d'après C. Vernet, en couleur. Belle épreuve.

134 — Chacun son tour, d'après C. Vernet, en couleur. Superbe épreuve. Rare.

135 — Inutile Précaution, d'après C. Vernet, en couleur. Superbe épreuve.

136 — La Marchande d'eau-de-vie, d'après C. Vernet, en couleur. Très belle épreuve.

137 — Passez, Payez, d'après C. Vernet, en couleur. Belle épreuve.

138 — Promenade anglaise, d'après C. Vernet, en couleur. Très belle épreuve, marge.

139 — Le Jour de barbe d'un charbonnier, — Il n'y a pas de feu sans fumée, — Persan voulant dompter un cheval français, — Passez, Payez, — Officiers prussiens, — Rempailleur de chaises, — Cosaques au bivac, — La Marchande de coco, — Le Jour de barbe d'un charbonnier, — La Marchande de poissons, — Le Coup de vent, — La Marchande de saucisses, etc. Quatorze pièces en couleur.

140 — Route de poste, d'après C. Vernet, en couleur. Très belle épreuve.

DEBUCOURT ET COMMARIEUX

141 — Les Amateurs de plafond. au Salon, — Ah ! s'il y voyait. Deux pièces (copies).

DEBUCOURT, COQUERET ET COMMARIEUX

2 / 142 — Les Gastronomes affamés, — La Fin des gastronomes, — Les Gastronomes en jouissance, — Les Gastronomes sans argent. Suite de quatre pièces en couleur, dont deux de Vernet. Belles épreuves.

DEBUCOURT (d'après)

11 × 143 — Le Juge, ou la Cruche cassée, par Le Veau. Belle épreuve.

DE GOUY (d'après A.-M.)

12 × 144 — Les Raisins doux, — L'Amant couronné, — Le Matin. Trois pièces gravées en couleur. Belles épreuves.

DE LAUNAY (N.)

7.50 145 — Cinq pièces in-8 sur les expériences aérostatiques de 1783-1784. Très belles épreuves.

DEMARTEAU

12 146 — Etudes d'amours, d'animaux et de paysages. Onze pièces gravées à la sanguine, d'après Boucher, Berghem et Houel.

DEPEUILLE (Chez)

11 × 147 — Les Bains à la mode (bains Vigier), en couleur. Très belle épreuve. Rare.

DESCLAUX

1 148 — Les Pêcheurs, — L'Improvisateur, — Fête de la Madone de l'Arc. Trois pièces, d'après Léopold Robert.

DESCOURTIS (C.)

16 149 — Vue du port Saint-Paul prise du bas du parapet, gravé en couleur d'après de Machy.

DESHAYES (d'après)

1 150 — Allégorie, gravé par Parizeau. Très rare épreuve avant la lettre, à l'état d'eau-forte.

2

DESRAIS (d'après C.-L.)

151 — Le Magnétisme animal, importante découverte par M. Mesmer, docteur en médecine de la Faculté de Vienne, en Autriche. Pièce rare, coloriée. Belle épreuve.

152 — La Roulette, par Blanchard. Belle épreuve en couleur.

153 — Promenade du boulevard Italien, par E. Voisard. Très belle et rare épreuve du premier état, avant les feuilles aux arbres.

154 — Le Jeu de l'escarpolette, — Le Baisé deviné, — La Chute favorable, — Les Baigneuses. Suite de quatre pièces. Belles épreuves, sans marge.

DIVERS

155 — Alexandre Farnèse, duc de Parme, — Paul Scarron, — Gouvion Saint-Cyr, — Pichegru, — François de Bone, seigneur de Lesdiguières. Cinq portraits par Ficquet Ingoouf, Fiesinger, Bonneville et Th. de Leu.

156 — Louis XIV, — Louis XV, — Caricature sur Napoléon et portraits divers. Six pièces.

DOUBLET (d'après)

157 — Lucile, — Rosette. Deux pièces faisant pendants gravées par J.-N. Boillet. Très belles épreuves. Rares.

158 — Le Baiser de l'amour, — Le Baiser de l'amitié. Deux pièces faisant pendants, gravées en couleur par Janinet. Très belles épreuves.

DRANER

159 — Souvenirs de l'Exposition de 1867, types pris sur nature par Draner. Dix-sept pièces en couleur.

160 — Types dramatiques et carnavalesques. Trente-deux pièces en couleur.

DUPLESSIS-BERTAUX (J.)

161 — Arrivée de Grétry aux Champs-Élysées, d'après Joly. Belle épreuve.

DUPLESSIS

162 — A la Nation française, les Protestans reconnaissans, — La Révolution française. Deux pièces faisant pendants. Très belles épreuves.

ÉCOLE ITALIENNE

163 — Costumes. Trois pièces gravées en couleurs.

ÉCOLE MODERNE

164 — Sujets, vues et paysages, par Delacroix, Français, Diaz, Bonington, etc. Cinquante-six pièces, lithographies et eaux-fortes.

ÉCOLE FRANÇAISE DU XVIIIe SIÈCLE

165 — Un Festin dans un riche palais. Pièce sans aucune lettre, à l'état d'eau-forte.

166 — Nymphe endormie surprise par des satyres. Epreuve avant toutes lettres.

167 — L'Heureuse famille. Pièce gravée au pointillé. Très belle épreuve avant la lettre.

168 — Le Diable de Papefiguière. Gravure in-fol. en hauteur pour les contes de La Fontaine, publiée à Londres, en 1785, sous ce titre : *The Path of Paradise*. Très rare.

169 — Jeune Femme assise sur une chaise, dans un jardin, à qui un homme présente une autre jeune femme habillée en rose. Pièce en couleur de forme ovale. Belle épreuve, sans marge.

170 — Le Lever d'Aminte, — La Pucelle nonchalante. Deux pièces faisant pendants. Très belles épreuves, marges.

171 — Le Négligé, ou Toilette du matin, — Breuvage d'amour à l'innocence, — La Musique, — L'Amour coiffeur, — Le Soir, — Les Jets d'eau, — L'Heureuse Fécondité, etc. Huit pièces, d'après Chardin, Fragonard, Benvell, etc.

ÉCOLE FRANÇAISE DU XVIIIe SIÈCLE

172 — Flore ornant le temple des Grâces, — La Chambrière instruite, — L'Espagnolette, — Le Plus fort me tente. Quatre pièces, d'après Wolff, Bertaux, Carême et Binet. Très belles épreuves.

173 — Retour du soldat suisse, — Vues de Rouen, — The hue paternal Care, — The Danger of Sleep, etc. Treize pièces en couleur d'après Huet, Freudeberg, Carême, etc. Belles épreuves.

174 — Vignettes, d'après Boucher, pour Molière; sujets et ornements par Cheesman, Elluin, Boulard et Mme de Pompadour. Dix pièces.

175 — Pièces historiques et allégoriques sur la Révolution et l'Empire. Vingt-deux pièces.

EISEN (d'après CH.)

176 — La Comète, par J.-P. Le Bas. Très belle épreuve.

177 — Le Jour, par Patas. Très belle épreuve.

EISEN LE PÈRE (d'après)

178 — Le Vieux Débeauché, par Voder. Très belle épreuve.

FITZER

179 — *Manon Lescaut*, in-8 en couleur, gravé en 1792. Belle épreuve.

FRAGONARD (d'après H.)

180 — La Fuite à dessein, par Macret et Couché. Superbe et très rare épreuve avant la lettre.

181 — La Fontaine de l'Amour, par N.-F. Regnault. Très belle épreuve avant la lettre.

182 — L'Amour, — La Folie. Réduction in-8 à la manière noire. Belles épreuves.

FRANCIN (d'après Cl.)

183 — Fronton de la place Royalle de Bordeaux, représentant la jonction des deux rivières de la Garonne et de la Dordogne, par Fessard. Belle épreuve.

FREUDEBERG (d'après S.)

184 — L'Heureuse union, par Bosse. Très belle et rare épreuve de la planche non encore réduite.

185 — La Félicité villageoise, par N. De Launay. Superbe épreuve.

FREUDEBERG, HOIN ET DESHAYES

186 — La Complaisance maternelle, — Le Prélude amoureux, — La Fidélité surveillante. Trois pièces gravées par N. De Launay, De Monchy et Hemery.

FUESSLI

187 — Costumes de Zurich. Sept pièces en couleur. Rares.

GAVARNI

188 — *Album comique.* La Vie de jeune homme, — Les Bals masqués, — Souvenir du carnaval, — Des Mères de famille, — Des Artistes. Dix-neuf pièces.

189 — *Album comique.* Politique des femmes. Vingt pièces.

190 — *Album comique.* Les Martyrs, — Un Couplet de vaudeville, — Croquis fantastiques, etc. Vingt-huit pièces.

191 — Impressions de ménage, — Les Maris vengés, — Leçons et Conseils, etc. Vingt-sept pièces.

GAULTIER (L.)

192 — Marguerite de Valois, reine de Navarre, in-8. Belle épreuve.

GAUTIER

193 — Les Oies du frère Philippe, en couleur. Rare.

GÉRARD (d'après Mlle)

194 — Le Triomphe de Minette, par Vidal. Belle épreuve.

GRANDVILLE

195 — Pièces tirées du journal *la Caricature*. Quarante-cinq pièces.

GREEN (V.)

196 — Articles d'union présentés par les commissaires à la reine Anne, 1706. D'après Huck, in-fol. en largeur, manière noire. Très belle épreuve. Rare.

GREUZE (d'après J.-B.)

197 — Le Donneur de sérénade, par P.-E. Moite. Très belle épreuve avant la lettre.

198 — Le Doux Regard de Colette, — Le Doux Regard de Colin, — Le Repentir. Trois pièces gravées par Moitte et Dennel. Belles épreuves.

199 — La Marchande de marrons, par P. Laurent. Belle épreuve. Rare.

200 — Offrande à l'amour, par Macret. Épreuve avant la lettre.

201 — L'Oiseau mort, par Flipart. Belle épreuve.

202 — La Paix du ménage, — La Bonne éducation. Deux pièces faisant pendants, gravées par Moreau et Ingouf. Très belles épreuves avant la lettre.

HAMILTON (d'après W.)

203 — Le Ressentiment de la reine Catherine, — La Fortitude du chevalier Mare. Deux pièces faisant pendants, gravées par Ogborne et Meadows. Très belles épreuves.

HERSENT ET DEVERIA

204 — Lithographies in-8 et in-4 pour les Contes de La Fontaine. Dix pièces.

HUCH

205 — Avènement de Louis XVI au trône de France. In-fol. en manière noire. Belle épreuve.

HUET (d'après J.-B.)

206 — L'Amour couronné par les Grâces, par Chaponnier. Très belle épreuve.

207 — Euridice, courant sur l'herbe avec d'autres nymphes, est mordue d'un serpent au talon et meurt. Gravé en couleur par L.-M. Bonnet. Superbe épreuve, marge.

208 — Euridice, courant sur l'herbe avec d'autres nymphes, est mordue d'un serpent au talon et meurt, — La nymphe Hesperie fuyant Esaque qui l'aimait, fut piquée par un serpent et mourut de la blessure. Deux pièces gravées en couleur par Bonnet. Très belles épreuves.

209 — L'Heureux chat, — La Belle cachette. Deux pièces faisant pendants, gravées en couleur par L. Bonnet. Très belles épreuves. Rares.

210 — Jupiter descend avec toute sa majesté dans le palais de Semelé. Gravé en couleur par L.-M. Bonnet. Belle épreuve.

211 — Le Messager discret, — Le Déjeuné. Deux pièces gravées en couleur par Briceau et Bonnet.

INCROYABLES

212 — L'Anarchiste. Je les trompe tous deux, par Petit. Très belle épreuve en couleur.

213 — Les Croyables au Pérou, par Tresca. Très belle épreuve.

214 — Faites la paix, par Levilly. Très belle épreuve.

215 — La Réponse incroyable, par Gautier. Très belle épreuve, grande marge.

216 — La Science du jour. Très belle épreuve, marge.

JANINET (F.)

217 — Le Léger vêtement, — La Compagne de Pomone. Deux pièces en couleur, d'après Baudouin et Le Clerc. Belles épreuves.

218 — Nina, d'après Hoin. (Portrait de Mme Dugazon, dans le rôle de Nina, ou la Folle par amour.) En couleur. Superbe épreuve avant la lettre.

219 — Les Trois grâces, d'après Pellegrini. En couleur. Très belle épreuve, montée en dessin.

220 — Hebé, d'après Le Barbier. En couleur. Très belle épreuve,

221 — Mme Dugazon, rôle de Nina, d'après Dutertre. In-8 en couleur. Belle épreuve.

222 — Louis de Breton, dit le brave Crillon, d'après Le Barbier. In-fol. en couleur. Très belle épreuve.

223 — M. Le Kain dans Mahomet. In-8 en couleur. Très belle épreuve.

224 — Places et Monuments de Paris. Onze pièces en couleur, d'après Durand. Très belles épreuves.

JEAURAT (d'après A.)

225 — L'Amour petit maître, gravé par Jeaurat frère. Très belle épreuve.

KAUFFMAN (d'après ANGELICA)

226 — The flower Girl, par Spilbury. Très belle épreuve.

227 — Portrait de Femme à mi-corps, s'appuyant sur une massue, gravé à la sanguine. Très belle épreuve en couleur.

LADREYT

228 — La Comédie humaine, grande pièce en un nombre infini de tableaux, jouée tous les jours sur tous les théâtres du monde par tous les pierrots passés, présents et à venir. Vingt-deux pièces en couleur.

LANCRET (d'après N.)

229 — Le Glorieux, par N. Dupuis. Belle épreuve.

230 — La Vieillesse, — L'Enfance. Deux pièces par de Larmessin. Belles épreuves.

LAURIE (R.)

231 — La Confession, d'après Millar. En manière noire. Belle épreuve.

LAVREINCE (d'après N.)

232 — L'Automne, — L'Hiver. Deux pièces en couleur. Belles épreuves, sans marge.

233 — La Balançoire mistérieuse, — Les Nymphes scrupuleuses. Deux pièces faisant pendants, gravées par Vidal. Très belles épreuves, marges.

234 — Le Contretemps, — L'Heureux moment. Deux pièces gravées par N. de Launay et Dequevauviller. Belles épreuves.

235 — Le Coucher des ouvrières en modes. — Le Billet doux. Deux pièces gravées par Dequevauviller et N. De Launay. Belles épreuves.

236 — Le Directeur des toilettes, par Voyez l'aîné. Très belle épreuve. Rare.

237 — L'Innocence en danger, par Caquet. Très belle épreuve.

238 — Les Offres séduisantes, par J.-L. Delignon. Très belle épreuve.

239 — Pauvre minet, que ne suis-je à ta place. Gravé en couleur, par Janinet. Très belle épreuve. Rare.

240 — Le Repentir tardif, par Le Vilain. Très belle épreuve.

241 — Les Soins mérités, par De Launay le jeune. Superbe épreuve, marge.

242 — Valmont and président de Tourvel, — La Balançoire mistérieuse, — Les Nymphes scrupuleuse. Trois pièces gravées par Romain Girard et Vidal. Bonnes épreuves.

LAVREINCE (d'après N.)

243 — The Green Plot, — The Grove. Deux pièces faisant pendants. Superbes épreuves, marge.

LAVREINCE ? (d'après N.)

244 — La Soirée du Palais-Royal, par Caquet. Belle épreuve.

LE BARBIER (d'après J.)

245 — Bienfaisance du roi, par J.-C. Le Vasseur. Très belle épreuve.

LE BEAU

246 — Louise de Warens, d'après Batoni. In-8. Belle épreuve.

LE BEL (d'après)

247 — Le Coup de vent, par A.-B. Girardet, 1785. Superbe épreuve avant la lettre, toutes marges.

248 — Le Coup de vent, — La Voilà prise. Deux pièces gravées par Girardet et Niquet. Belles épreuves avant la lettre, mais avec les bordures effacées.

LEBRUN (d'après)

249 — La Sultane infidèle, ou l'Amour vainqueur de la jalousie, par E. Voysard. Très belle épreuve.

LE CLERC (d'après)

250 — Bustes de Jeunes filles. Deux pièces faisant pendants, gravées à la manière du pastel par Bonnet, avec bordures rehaussées d'or. Très belles épreuves. Rares.

251 — Histoire de l'Enfant prodigue. Suite de six pièces gravées par Gaillard, Basan, Teucher, Moitte et Basin. Superbes épreuves, toutes marges.

LEGRAND (Aug.)

252 — La Servante justifiée, — La Jument du compère Pierre, — Le Rossignol, — L'Hermite ou le frère Luce. Suite de quatre pièces gravées et publiées en 1802.

LE MOINE (d'après)

253 — Adam et Ève, par Laurent Cars. Très belle épreuve.

LE NOIR

254 — L'Amour vaincu par l'Avarice. En couleur. Très belle
épreuve.

LE PAUTRE (J.)

255 — Vue en perspective de l'élévation générale de l'hôtel
royal des Invalides avec ses dépendances et advenues,
prise du costé de la principale entrée du bâtiment qui re-
garde la rivière de Seine et le cours de la Reine. Très
grande pièce en hauteur, en haut un cartouche où se
trouve l'inscription rapportée, et de l'autre côté les armoi-
ries royales.

LEU (Th. de)

256 — *Anjou* (François de France, duc d') (R. D. 296). Belle
épreuve.

257 — *Bourbon* (Charles de), connétable de France (R. D. 323).
Belle épreuve.

258 — Catherine de Médicis, reine de France (R. D. 332).
Belle épreuve.

259 — Charles IX, roi de France (R. D. 338). Belle épreuve.

260 — *Condé* (Henri de Bourbon, prince de), 342. Belle
épreuve.

261 — Du Moulin (Pierre), ministre calviniste à Paris et à Se-
dan (356). Très belle épreuve.

262 — *Estrées* (Gabrielle d'), marquise de Monceaux et duchesse de Beaufort (365). Bonne épreuve.

263 — Henri II, roi de France (387). Belle épreuve.

264 — *Joyeuse* (Anne, duc de), pair et amiral de France (424).
Belle épreuve.

265 — *Lorraine* (Louise de) (441). Très belle épreuve.

266 — *Montmorency* (Louise de Budos, duchesse de) (463).
Belle épreuve.

LOMBART (P.)

267 — Lucia, comtesse de *Carlile*, — Anna, comtesse de *Bedford*, — Dorthea, comtesse de *Sunderland*, — Anna de *Morton*. Quatre portraits in-fol, d'après Van Dyck. Très belles épreuves.

LOUTHERBOURG (d'après)

268 — La Petite fermière, par Patas. Belle épreuve.

MARIN (d'après L.)

269 — Récompense de la fidélité, — Souvenir du Bien-Aimé. Deux pièces faisant pendants, gravées en couleur. Très belles et rares épreuves avant la bordure.

MAROT (J.)

270 — Églises de Paris. Onze pièces. Très belles épreuves.

MARTIAL

271 — Sous bois, — Sous bois à Fontainebleau, — Chênes, — Hêtres. Quatre pièces. Épreuves avant la lettre sur papier du Japon, signées du graveur.

272 — Les mêmes estampes. Très belles épreuves avant la lettre, deux sont sur chine et les deux autres sur papier de Hollande.

273 — Paris pendant le siège. 12 planches, — Paris sous la commune. Un frontispice et douze planches, — Paris incendié. Douze planches. En tout trente-sept planches gravées à l'eau-forte.

MARTINET

274 — Marton, — Les Baigneuses. Deux pièces. Belles épreuves, marges.

MERCIER (d'après Ph.)

275 — A scene in the careless Husband, — L'École. Trois pièces gravées à la manière noire, par Faber. Très belles épreuves.

276 — The Juggler, gravé par Ravenet. Belle épreuve.

MERELLE (d'après)

277 — Le Désir de charmer, gravé en couleur par Pitou. Très belle épreuve.

MERCURY (P.)

278 — Les Moissonneurs, d'après Léopold Robert. Très belle épreuve avant la lettre.

MOITTE (d'après)

279 —. Le Jaloux endormi, par Vidal. Belle épreuve.

280 — La Surprise agréable, par Vidal. Belle épreuve.

MONNET (d'après C.)

281 — Le Larcin, — l'Amour est de tout âge. Deux pièces faisant pendants, gravées en couleur par Robillac. Très belles épreuves.

282 — Renaud et Armide, par Vidal. Très belle épreuve avant la lettre.

283 — Le Roi d'Ethiopie abusant de son pouvoir, par Vidal. Très belle épreuve.

MONNIER (H.)

284 — Galerie théâtrale, — Impressions de voyage, — Mœurs administratives, etc. Dix-sept pièces.

285 — Les Grisettes. Six pièces.

286 — Mœurs administratives. Suite de six pièces en hauteur. Rares.

MONNIER (Henri) et LAMI (Eugène)

287 — Voyage en Angleterre. Vingt-quatre pièces.

MONSALDI et DEVISME

288 — Vue des ouvrages de peinture des artistes vivans exposés au Muséum central des arts en l'an VIII de la République française, divisée en deux planches. Très belles épreuves. Rares.

MOREAU (J.-M.)

289 — Décoration du sacre de Louis XVI, roi de France et de Navarre, à Reims le 11 juin 1775. Très belle épreuve, marges.

290 — Tombeau de J.-J. Rousseau. Très belle épreuve, marge.

MOREAU (d'après J.-M.)

291 — Couronnement de Voltaire sur le Théâtre français le 30 mars 1778, après la sixième Représentation d'Irène, gravé par Gaucher. Belle épreuve avec les armes.

292 — C'est un fils, Monsieur! Très belle épreuve avec les lettres A. P. D. R.

293 — J'en accepte l'heureux Présage, par Ph. Trière. Belle épreuve.

294 — La même estampe. Très belle épreuve avec les lettres A. P. D. R.

295 — Le Lever, par Halbou. Belle épreuve.

296 — N'Ayez pas peur, ma bonne Amie, par Helman. Belle épreuve.

MORLAND (d'après)

297 — The Letter Woman, par Ph. Dawe. Très belle épreuve.

MOUILLERON ET LE ROUX (Eugène)

298 — Lithographies d'après les tableaux de Decamps, Robert-Fleury, Baron, Delacroix, Gallait, Pieneman, White. Treize pièces. Épreuves avant la lettre, en partie sur chine.

NATTIER (d'après J.-M.)

299 — Mme Marie-Henriette de France (le Feu), — Mme Louise-Élisabeth de France, duchesse de Parme (la Terre). Deux pièces gravées par Tardieu et Balechou. Très belles épreuves.

300 — Mme de Châteauroux, sous la figure de la Force, par Balechou. Très belle épreuve.

NAUDET

301 — Les Modes passées et présentes. Pièce très curieuse pour les costumes, gravée à l'eau-forte. Superbe épreuve. Rare.

NÉE

302 — Chambre de Voltaire, à Ferney, d'après Duché. Très belle épreuve avant la lettre.

PETERS ET SHELLEY (d'après)

303 — Scène de Shakspeare, — Henry and Emma. Deux pièces gravées par Cornoroto et Knight.

PHILIPPON (Ch.)

304 — Déclarations, etc. Douze pièces.

PIERRE (d'après)

305 — Bacchanales. Pièce de forme ronde, gravée à la sanguine par Demarteau. Belle épreuve.

PIGAL

306 — Scènes populaires. Quarante et une pièces.

307 — Scènes de sociétés. Vingt-huit pièces.

PIGAL, BOUCHOT ET AUTRES

308 — Mœurs parisiennes, — Scènes populaires, — Scènes de société, — L'École des voyageurs, etc. Quarante-huit pièces.

PILLOT (à Paris, chez la veuve)

309 — Seize sujets sur les mœurs et métiers de Paris, imprimés sur une même feuille. Très belle épreuve. Rare.

PORPORATI

310 — Le Coucher, d'après Vanloo. Très belle épreuve avant toutes lettres.

PRUD'HON (d'après P.-P.)

311 — Oh ! les jolis petits chiens, — Mange mon petit, mange. Deux pièces faisant pendants, gravées par B. Roger. Belles épreuves.

312 — Une Famille malheureuse, par T. Caron. Très belle épreuve avant la lettre.

QUEVERDO (d'après J.-M.)

313 — Les Amours du bocage, — Les Baigneuses champêtres. Deux pièces faisant pendants, gravées par Dembrun. Très belles épreuves.

314 — La Récolte d'automne, par Frussotte. Très belle épreuve.

315 — La Sollicitation amoureuse. Très belle épreuve.

316 — Scènes de comédies. Trois pièces gravées par Petit. Belles épreuves, marges.

QUEVERDO ET MARTINET

317 — Quatre pièces grand in-8°, pour le théâtre de Favart. Très belles épreuves.

318 — Suite complète de six pièces pour *Rose et Colas*, comédie. Superbes épreuves, toutes marges.

319 — Suite complète de six pièces pour les *Sabots*, comédie. Ces six pièces d'après Duclos, gravées par Massard, Thérèse Martinet, Leveau et Duclos. Superbes épreuves, toutes marges.

RAOUX (d'après)

320 — La Lecture, par Beauvarlet. Très belle épreuve.

REGNAULT (N.-F.)

321 — Matin, — Soir. Deux pièces faisant pendants. Belles épreuves.

RENAUD (d'après)

322 — L'Amour s'endormant sur le sein de Psyché, par Beljambe. Très belle épreuve, marge.

REYNOLDS (d'après sir J.)

323 — Angelica Kauffmann, par Bartolozzi. In-folio. Belle épreuve. *10*

324 — *Charles William Henri, comte de Dalkeith*, gravé par V. Green. Très belle épreuve,

325 — Miss *Hope*, par Fisher. In-folio. Très belle épreuve imprimée avec cache-lettre.

326 — The affectionate Brothers, par Bartolozzi. Très rare épreuve avant toutes lettres, à l'état d'eau-forte.

327 — Portrait de femme, avec grande coiffure. In-folio en manière noire. Très belle épreuve.

RICHOMME (J.-T.)

328 — Adam et Ève, d'après Raphaël. Très-belle épreuve.

RIDINGER

329 — Chasse au faucon, — Repos de chasse. Deux pièces.

ROMNEY (d'après G.)

330 — *Stuart* (sir Charles), général. In-folio, gravé en manière noire par S.-W. Reynolds. Belle épreuve, marge.

ROSALBA (d'après la)

331 — Les Saisons. Suite de quatre pièces gravées par de F. Très belles épreuves.

SAINT-AUBIN (d'après Aug. de)

332 — Le Bal paré, — Le Concert. Deux pièces faisant pendants, gravées par A.-J. Duclos. Superbes épreuves.

333 — *The first come best served* (le premier arrivé est le mieux servi), — *The place to the first occupier* (la place est au premier occupant). Deux pièces faisant pendants, gravées en couleur par Sergent. Très belles épreuves. *30*

334 — Marie de Médicis, reine de France, d'après Porbus, in-8. Très belle épreuve.

SAINT-AUBIN (AUG. DE)

335 — Louis XII, Henri IV et Louis XVI représentés en buste dans un médaillon, d'après Sauvage, in-8. Belle épreuve.

SAINT-NON

336 — Recueil de griffonnis, vues et paysages. Quatre pièces gravées à l'eau-forte.

337 — Portraits de Voltaire. Trente-cinq croquis sur une même feuille, gravés à l'eau-forte. Belle épreuve.

SAINT-QUENTIN (d'après)

338 — Diane endormie, par Littret. Très rare épreuve à l'état d'eau-forte, plus une épreuve avec la lettre. Deux pièces.

SAVART (P.)

339 — *Boileau-Despréaux* (Nicolas), d'après Rigaud. Très belle épreuve du premier état.

SCHEFFER

340 — Ce qu'on dit et ce qu'on pense. Quarante pièces en couleur.

SCHENEAU (d'après)

341 — L'Amour conduit par la Fidélité, — L'Amour conduit par la Folie. Deux pièces faisant pendants. Très belles épreuves, marges.

SCHENKER

342 — Fanchon la vielleuse, d'après de La Place. Belle épreuve, marge.

SCORODDOMOW

343 — A Venetian Lady, en couleur. Belle épreuve.

SERGENT

344 — Convoi de très haut et très puissant Seigneur des Abus, mort sous le règne de Louis XVI, le 27 avril 1789. Belle épreuve.

SILVESTRE (ISRAEL)

345 — Marche des Mareschaux de Camp et des cinq quadrilles, depuis la grande place derrière l'hostel de Vendosme jusqu'à l'entrée de l'Amphiteatre. Suite de sept pièces. Très belles épreuves, doublées.

346 — Vues de Paris, de France et d'Italie. Douze pièces.

SLODTZ (d'après M.-A.)

347 — Bal du May donné à Versailles pendant le carnaval de l'année 1763, gravé par F.-N. Martinet. Très belle et ancienne épreuve, marge.

SOLDINI (d'après L.-D.)

348 — Le Berger avec son oiseau, — La Bergère avec sa flûte. Deux pièces faisant pendants, gravées par Cl. Duflos. Superbes épreuves, grandes marges.

TARAVAL (G.)

349 — Colonne de la Liberté, monument projetté sur l'emplacement de la Bastille à la gloire de Louis XVI, restaurateur de la liberté française, d'après Davy de Chevigné. Belle épreuve.

TASSAERT

350 — Marie-Anne-Charlotte *Corday* représentée à mi-corps, coiffée d'un grand chapeau; en bas, dans un médaillon, elle est représentée poignardant Marat. In-folio, d'après Hauer. Très belle épreuve.

TISCHEBEIN ET SCHENAU (d'après)

351 — L'Agréable désordre, — Le Petit joueur de vielle. Deux pièces gravées par Martinet et David. Belles épreuves.

TOUZÉ ET BOREL (d'après)

352 — Les Amusements dangereux, — Il était temps. Deux pièces gravées par Voyez et Hemery. Belles épreuves.

TRAVIÈS

353 — Mayeux, — Galérie des Épicuriens, etc. Dix-huit pièces.

354 — Scènes de mœurs. Vingt pièces.

TRAVIÈS, NUMA, ETC.

355 — Scènes de mœurs. Vingt-deux pièces.

VALMONT (A. DE)

356 — Histoire d'une comédienne. Suite complète de douze planches coloriées.

VERMEULEN (C.)

357 — *Anglebert* (Jean-Henri d'), ordinaire de la musique de la chambre du roi, pour le clavecin, d'après Mignard. In-folio. Belle épreuve.

VERNET (C.)

358 — Compositions lithographiées par C. Vernet, pour les Fables de La Fontaine. Quatre-vingt-deux pièces.

VERNET (d'après C.)

359 — Intérieur du café Procope, par Coqueret. Très belle épreuve avant la lettre, marge.

VICTOIRE (d'après E.)

360 — Quel est le plus heureux ? — Le Pauvre jeune homme. Deux pièces gravées par Éléonore, f^{me} Le Febvre. Très belles épreuves, toutes marges.

VIGNETTES

361 — *Berthet*. Suite de trois vignettes pour les Nouvelles liaisons dangereuses.

362 — *Chevalier*. Portraits russes. Sept pièces.

363 — *Delvaux*. Suites de huit dessins à la sépia et un au lavis d'encre de Chine, pour le Génie du Christianisme, Atala et René par Chateaubriand.

364 — *Desenne*. Suite de six pièces pour l'Aminta du Tasse.

VIGNETTES

365 — *Divers.* Frontispices et vignettes d'après Duvivier, Moreau, Eisen et Durand. Cinq pièces.

366 — *Divers.* Vignettes et portraits. Douze pièces.

367 — *Divers.* Vignettes pour différents ouvrages, d'après Borel, Desenne, Gravelot, Cochin, Marillier et Moreau. Dix-sept pièces. Épreuve avant la lettre ou à l'eau-forte.

368 — *Divers.* Vignettes d'après Moreau, Monsiau et Desenne, pour les œuvres de Rousseau, Tomès Jones et Fabliaux. Seize pièces in-8° et in-4°. Épreuves avant la lettre.

369 — *Divers.* Vignettes pour divers ouvrages du XVIIIe siècle, d'après Monnet, Moreau, Marillier, Duclos, Queverdo, etc. Trente-trois pièces.

370 — *Divers.* Vignettes avant la lettre, pour divers ouvrages, d'après Marillier, Lafitte, Gravelot, Moreau, Queverdo, Desenne, Lefèvre, etc. Trente pièces.

371 — *Divers.* Vignettes pour les Chansons de Béranger et autres. Quarante et une pièces.

372 — *Divers.* Vignettes d'après Queverdo, Desenne, Le Sueur, Dargez, Marillier, etc. Huit pièces. Épreuves à l'état d'eau-forte.

373 — *Divers.* Vignettes d'après Desenne, Lafitte, Desrais, Marillier, Lefèvre, Moreau et autres. Douze pièces. Épreuves avant la lettre.

374 — *Divers.* Vignettes d'après Eisen, Lafitte, Marillier et Moreau. Six pièces. Épreuves à l'état d'eau-forte.

375 — *Divers.* Costumes et vignettes d'après Chodowiecki, Binet, Eisen, etc. Trente-cinq pièces.

376 — *Divers.* Fleurons, titres de livres, frontispices, etc., d'après Fokke, Queverdo, Moreau, B. Picart, de Sève, etc. Quarante-cinq pièces.

377 — *Duplessis-Bertaux, Coiny et Desenne.* Vignettes in-18 et en-tête de pages, pour les Contes de La Fontaine. Trente-trois pièces. Épreuves avant la lettre.

VIGNETTES

378 — *Gravelot*. Vignettes pour les Contes Moraux de Marmontel et les œuvres de Quingey. Cinquante-deux pièces.

379 — *Johannot*. Vignettes in-8, à claire-voie, pour les Chansons de Béranger. Soixante-sept pièces. Épreuves sur Chine.

380 — *Marckl et autres*. Vignettes pour la Peau de Chagrin, par H. de Balzac. Soixante-dix-sept pièces. Épreuves avant la lettre.

381 — *Marillier*. Vignettes in-8 pour les Œuvres badines du comte de Tressan. Dix-neuf pièces.

382 — *Marillier*. Ex libris B. Pontus, avocat en parlement de Normandie. In-18. Très belle épreuve. Rare.

383 — *Marillier*. Vignettes pour les Œuvres de Dorat. Douze pièces.

384 — *Monnet et Marillier*. Vignettes in-8, pour les Œuvres de Regnard et pour Lucrèce. Huit pièces.

385 — *Moreau*. Suite de dix vignettes in-8, pour la Henriade. Belles épreuves.

386 — *Moreau*. Vignettes pour les Chansons de Laborde et les Œuvres de Hamilton. Sept pièces.

387 — *Moreau*. Vignettes pour la Sainte-Bible et autres. Huit pièces. Épreuves avant la lettre.

388 — *Moreau*. Vignettes pour les Œuvres de Voltaire, Rousseau et autres. Soixante-cinq pièces.

389 — *Moreau*. Vignettes pour les Œuvres de Rousseau, édition Poinçot. Cinquante-neuf pièces.

390 — *Moreau*. Vignettes pour les Contes de La Fontaine et Tomes Jones. Cinq pièces. Épreuves avant la lettre.

391 — *Moreau*. Vignettes pour Héro et Léandre, La Fontaine, les Œuvres de Gessner, les Métamorphoses d'Ovide, etc. Dix pièces. Épreuves avant la lettre.

392 — *Moreau et Boichot*. Vignettes pour Psyché et Adonis. Trois pièces.

VIGNETTES

393 — *Moreau et Lebarbier* (D'après). Vignettes pour les Œuvres de Rousseau, édition in-4. Dix-sept pièces.

394 — *Moreau et autres.* Vignettes pour les Œuvres de Legouvé, Florian, Gessner, etc. Douze pièces en partie avant la lettre.

395 — *Oudry.* Gravures in-fol., pour les Fables de La Fontaine. Cinq pièces. Épreuves avant la lettre, dont une à l'état d'eau-forte.

396 — *Oudry.* Soixante-douze eaux-fortes d'après Oudry, pour illustrer les Fables de La Fontaine, gravées par Courtry, Greux, Lemaire, Lerat Martinez, Mongin, Monziès et Rousselle. Épreuve sur Chine.

397 — *Queverdo.* Deux vignettes in-4° avec bordures pour la Henriade. Superbes et rares épreuves avant toute lettre.

398 — *Ransonnette.* Six vignettes in-12, pour un livre de la fin du XVIIIᵉ siècle.

VUES

399 — Vues de Paris, par Martinet, Delamonce et Janinet. Trente-neuf pièces.

400 — Fontaine des Innocents, — Les Porcherons, — Boulevard du Temple, — Montmartre, — Place de la Révolution, — Maison de Horace Vernet, à Versailles, — Le Temple, — L'Hôtel Royal des Invalides, etc. Douze dessins au crayon noir et lavis d'encre de Chine ou de bistre.

401 — Vues d'optique. Principales villes de France. Vingt-quatre pièces en couleur.

402 — Vues d'optique. Sujets historiques, feux d'artifice, cérémonies diverses, etc. Vingt-deux pièces en couleur.

403 — Vues d'optique. Scènes théâtrales et fêtes publiques étrangères. Vingt pièces en couleur.

404 — Vues d'optique. Vues de Londres, monuments et promenades publiques. Treize pièces en couleur.

VUES

405 — Vues d'optique. Vues de Paris, monuments et inté-
rieurs d'églises. Quatre-vingt-dix pièces en couleur.

WATSON (J.)

406 — Portrait de femme à mi-corps, appuyée sur une espèce
de rocher, d'après Willison. In-folio. Très belle épreuve
avant la lettre.

WATTEAU (d'après Ant.)

407 — L'Accord parfait, par Baron. Superbe épreuve, grande
marge.

408 — Les Agréments de l'été, par Joulin. Très belle épreuve.

409 — L'Alliance de la Musique et de la Comédie, par J.
Moyreau. Très belle épreuve.

410 — Alte, par J. Moyreau. Très belle et rare épreuve avant
toute lettre ; le coin du bas, à droite, est refait.

411 — La même estampe. Superbe épreuve, toutes marges.

412 — L'Amour au théâtre italien, par C.-N. Cochin. Très
belle épreuve, marge.

413 — L'Amour paisible, par Baron. Superbe épreuve, grande
marge.

414 — Amusements champêtres, par B. Audran. Superbe
épreuve.

415 — Les Amusements de Cythère, par L. Surugue. Belle
épreuve.

416 — Le Chat malade, par J.-E. Liotard. Superbe épreuve,
avec marge. Rare.

417 — La Collation, par Moyreau. Superbe épreuve, marge.

418 — Le Colin-Maillard, par E. Brion. Très belle épreuve,
grande marge.

419 — Comédiens français, par Liotard. Superbe épreuve,
grande marge.

420 — Le Concert champêtre, par B. Audran. Très belle
épreuve, grande marge.

WATTEAU (d'après ANT.)

421 — La Contredanse, par Brion. Superbe épreuve, marge.

422 — La Conversation, par M. Liotard. Superbe épreuve, toutes marges.

423 — *Coquettes qui pour voir galans au rendez-vous,* par Thomassin. Très belle épreuve.

424 — Défillé, par Moyreau. Superbe épreuve, toutes marges.

425 — Départ pour les Isles, par Dupin. Belle épreuve.

426 — Diane au bain, par P. Aveline. Très belle épreuve.

427 — Le Docteur, — La Villageoise. Deux pièces gravées par Audran et Aveline, imprimées sur une même feuille. Superbes épreuves, toutes marges.

428 — Entretiens amoureux, par Liotard. Très belle épreuve.

429 — Les Fatigués de la guerre, par G. Scotin. Belle épreuve.

430 — Fêtes au dieu Pan, par M. Aubert. Superbe épreuve, grande marge.

431 — Fêtes vénitiennes, par Lau. Cars. Belle épreuve.

432 — La Game d'amour, par J.-P. Le Bas. Très belle épreuve, marge.

433 — *Heureux âge, âge d'or ou sans inquiétude,* — *Iris, c'est de bonne heure avoir l'air à la danse.* Deux pièces faisant pendants, imprimées sur une même feuille. Superbes épreuves, grandes marges.

434 — L'Indiscret, par Aubert. Superbe épreuve, grande marge.

435 — Les Jaloux, par G. Scotin. Très belle épreuve, marge.

436 — Leçon d'amour, par C. Dupuis. Très belle et rare épreuve avant toutes lettres.

437 — La même estampe. Superbe épreuve, marge.

438 — Le Lorgneur, par G. Scotin. Superbe épreuve, marge.

439 — La Lorgneuse, par G. Scotin. Superbe épreuve, toutes marges.

WATTEAU (d'après ANT.)

440 — Le Marais, par L. Jacob. Très belle épreuve.

441 — L'Occupation selon l'âge, par Dupuis. Belle épreuve.

442 — La Partie quarrée, par J. Moyreau. Superbe épreuve.

443 — Le Pénitent, par Fillœul. Très belle épreuve, marge.

444 — La Perspective, par Crépy. Superbe épreuve, grande marge.

445 — Le Plaisir pastoral, par N. Tardieu. Superbe et très rare épreuve du premier état, avec la faute : *Les Plaisirs pastoral.*

446 — La Proposition embarrassante, par M. Keyl. Très belle épreuve. Rare.

447 — Portrait de *J.-B. Rebel*, compositeur de la chambre du Roy. Très belle épreuve.

448 — Le Repas de campagne, par Desplaces. Superbe épreuve, grande marge.

449 — Retour de chasse (Portrait de Mme de Vertamon, nièce de M. de Julienne), par B. Audran. Superbe épreuve.

450 — Antoine de La Roque, par Lépicié. Superbe épreuve, marge.

451 — La Sainte famille, par Jeanne Renard du Bos. Très belle épreuve. Rare.

452 — La Signature du contrat de la noce de village, par Ant. Cardon. Très belle épreuve.

453 — La Sculpture, — La Peinture. Deux pièces faisant pendants, gravées par Desplaces. Très belles épreuves, toutes marges.

454 — Le Sommeil dangereux, par M. Liotard. Très belle épreuve.

455 — Veue de Vincennes, par Boucher. Belle épreuve.

456 — La Mariée de village, — Les Délassements de la guerre, — Danse russe, d'après Leprince. Trois pièces.

WATTEAU (d'après ANT.)

28 457 — Diverses figures chinoises et tartares. Suite de douze
pièces gravées par Jeaurat et imprimées à deux sur une
même feuille. Superbes épreuves, grandes marges.

26 458 — Diverses figures chinoises. Suite de douze pièces gravées par Boucher et imprimées à deux sur une même
feuille. Superbes épreuves, grandes marges.

3 459 — Viosseu ou Musicien chinois; — Femme chinoise de
Kouei-Tchéou. Deux pièces gravées par Aubert et imprimées sur la même feuille. Très belles épreuves, grande
marge.

27 460 — Le Berceau, — La Déesse, — La Grotte. Trois pièces
arabesques en hauteur, gravées par Huquier. Très belles
épreuves, marges.

12 461 — La Déesse, — La Grotte. Deux pièces arabesques en
hauteur, gravées par Huquier. Très belles épreuves,
marges.

35 462 — Le Feu, — L'Eau, — L'Air, — La Terre. Suite de
quatre pièces arabesques en hauteur, gravées par Huquier.
Superbes épreuves, marges.

10 463 — L'Air, — La Terre. Deux pièces doubles du numéro
précédent. Très belles épreuves, marges.

31 464 — Partie de chasse, — Le May. Deux pièces gravées par
G. Scotin et P. Aveline. Belles épreuves.

45 465 — Le Berger content, — Le Marchand d'orviétan, — La
Favorite de Flore, — L'Heureux moment. Suite de quatre
pièces arabesques en largeur, gravées par Crépy et Moyreau. Superbes épreuves, toutes marges.

6 466 — Divinité chinoise, par Huquier. Très belle épreuve,
toute marge.

23 467 — Estampes gravées à l'eau-forte, par Boucher et autres,
d'après les dessins de Watteau. Huit pièces. Très belles
épreuves.

WATTEAU (d'après L.)

468 — Portrait de femme en pied, assise devant une toilette, la tête couverte d'un chapeau à plume, à ses pieds un chien. In-folio de forme ovale, gravé par Perrot. Très belle épreuve avant la lettre. Marge.

YUNG

469 — Album de vingt batailles de la Révolution et de l'Empire, d'après les aquarelles de M. Yung. 1 vol. in-folio oblong, cart.

DESSINS

470 — Albums de dessins chinois. Douze pièces en 1 vol. in-folio, cart.

471 — Sous ce numéro, il sera vendu par lots un portefeuille de Dessins anciens et modernes, parmi lesquels plusieurs de l'École française du XVIIIe siècle.

Paris. — Imprimerie Pillet et Dumoulin, 5, rue des Grands-Augustins.